*A la memoria de **Sara Oliva Rubiano Caicedo,** mi querida madre.*

A Dios, por inspirar lo aquí escrito.

A mis hermanos, por sus aportes y ese infinito amor que nos une a mamá.

A mi esposa e hijos, por su apoyo para que pudiera escribir este libro.

A Noah, mi nieto.

A toda la familia y a los amigos de mamá por ser y estar.

Las enseñanzas de mamá

A la memoria de **Sara Oliva Rubiano Caicedo**

Gilber Corrales Rubiano

Las enseñanzas de mamá.
A la memoria de Sara Oliva Rubiano Caicedo

Primera edición: mayo de 2022

© Gilber Corrales Rubiano

Edición: Cristina Salazar Perdomo

Diseño y diagramación: Jorge Cañas

Ilustraciones: Francisco Cataldo Moya

ISBN 978-958-49-6088-7

Impresión: DGP Editores SAS

Quiero agradecerles a todas aquellas personas que, de una u otra forma, han hecho posible este homenaje póstumo a mi señora madre, Sara Oliva Rubiano Caicedo. En especial a Cristina por la edición del libro, a Francisco por sus ilustraciones y a Jorge por el diseño y la diagramación.

Contenido

Prólogo

La vida transcurre muy rápidamente, somos un suspiro en el respirar de un inmenso universo que tiene alrededor de trece mil setecientos setenta millones de años. Aproximarnos a las experiencias de vida de otros nos permite enriquecer nuestra fuente de lecciones aprendidas y de buenas prácticas. Las primeras, entendidas como lo que no se debería hacer porque nos puede afectar negativamente; y las segundas, como aquello que puede traer dicha a nuestra vida, para que ese transcurrir esté lleno de mayor felicidad.

Recuerdo que cuando era muy joven me preguntaba qué era eso de la *sabiduría* y la *madurez*. Les inquiría a los adultos y me respondían "Cuando crezcas lo entenderás". Hoy, cuando transito por el medio siglo de vida, vuelvo sobre esas dos preguntas y creo que tenían razón: la madurez ha llegado con los años y entiendo que la sabiduría son muchas cosas, y una de ellas es ocuparme de lo verdaderamente importante en la vida. De eso se trata este libro: de compartir las lecciones de vida que aprendí de mis padres, en especial de mamá, y que han sido muy valiosas en la mía; lo que algunos llaman "la sabiduría de los años".

Este libro presenta esas lecciones de vida en secciones independientes, con la esperanza de que sean de tanta utilidad para el lector como lo han sido para mí. Al principio de cada lección cuento alguna anécdota con la que ilustro las enseñanzas de mamá y algunas de papá; luego paso a una definición formal y termino con una reflexión sobre cómo aplicarlas en nuestras vidas ■

Honradez

"Ella me enseñó a actuar con honradez… y que debo corregir mi conducta cuando ésta no se acomoda a un buen proceder".

Tenía alrededor de seis años. Estaba con mi mamá en un almacén de cadena llamado El Ley, en la ciudad de Palmira, en el Valle del Cauca (Colombia), comprando cosas para la casa. Recuerdo con algo de vergüenza que, de manera inocente, tomé un sobre de pinzas de esas que utilizan las mujeres para sujetar su cabello y las guardé en mi bolsillo. Al salir del almacén las saqué y, como quien logra una victoria, le dije a mi mamá que las había sacado sin pagar. Ella se enojó mucho y me dijo que debía dejarlas donde las había tomado; que eso estaba mal, que debía pagarlas o devolverlas. Me dio mucho miedo. Le dije: "¿Y si el vigilante me ve?" Me respondió: "Hijo, debes aprender a ser honrado y corregir tus errores". Esa fue la primera lección que me dio mi madre y que marcó mi vida.

Qué es la honradez

Según el diccionario de la lengua española (DLE), la *honradez* es la "rectitud de ánimo" e "integridad en el obrar". La *rectitud* la define como la "cualidad de recto", sobre la que establece: "Dicho de una persona: Severa, consigo y con los demás, en el cumplimiento de normas morales y de conducta". En cuanto a íntegro, es un adjetivo que, dicho de una persona, significa recta, proba e intachable.

Entre sus sinónimos se encuentran las siguientes palabras: probidad, integridad, rectitud, honestidad, sinceridad, decencia, lealtad, moralidad, desinterés, conciencia, honorabilidad y dignidad.

Como palabras opuestas figuran deshonra, inmoralidad, deslealtad y corrupción.

Cómo aplicar la honradez en nuestra vida

Ser honrado implica proceder con honradez. En Isaías, 33:15-16 encontramos que "**15.** El que actúa siempre con honradez, el que dice la verdad y que se niega a conseguir algo con trampa; el que retira su mano para no aceptar la coima, que no quiere oír sugerencias criminales y no quiere ver procederes malos. **16**. Éste tendrá su casa en las alturas, vivirá seguro como en un castillo edificado sobre un peñasco y nunca le faltarán pan ni agua".

Por otra parte, en Proverbios 11:5 se señala que "La honradez les abre un camino recto a los hombres íntegros;

los malvados se pierden en el de su maldad".

Aplicar la honradez implica actuar con justicia, integridad, rectitud, honestidad, decencia, honorabilidad y dignidad, respetando las normas morales y de conducta que la sociedad ha planteado para un mejor vivir. Por ejemplo, salvaguardando los derechos humanos que están integrados en nuestra Constitución Política y que se desarrollan a través leyes y decretos.

Actuar con honradez significa seguir el principio de la *buena fe,* el cual, según la Corte Interamericana de Derechos Humanos (CIDH) consiste en el estado mental de honradez, de convicción en cuanto a la verdad o exactitud de un asunto, hecho u opinión, o la rectitud de una conducta. Este principio exige una conducta recta u honesta en relación con las partes interesadas en un acto, contrato o proceso. Al final del libro se aborda la fe como una de las lecciones de mamá.

Finalmente, volviendo a su legado, ella me enseñó a actuar con honradez, me inculcó que no debo tomar algo sin pagar por ello y lo más importante: que debo corregir mi conducta cuando ésta no se acomoda a un buen proceder. Para cerrar la historia con la que se inicia esta primera lección, les comento que las pinzas (sujetadores) volvieron al estante de ventas de El Ley y yo aprendí mi primera lección de vida de mamá ■

Perseverar

" No te rindas, no puedes dejar que el mayor esfuerzo te haga desistir de tu sueño".

Estábamos en la primera mitad de la década de los noventa; mi carrera de ingeniero electrónico en la Universidad Autónoma de Occidente, de la ciudad de Santiago de Cali, se volvía cada vez más exigente. Me encontraba abrumado por los numerosos trabajos académicos y las prácticas de laboratorio. Recuerdo que estaba a punto de "tirar la toalla" y desistir de mis estudios. En ese momento mi madre me dijo: "Hijo, ya has logrado realizar más de la mitad de tus estudios, debes *perseverar* en el logro de esa meta; no te rindas, no puedes dejar que el mayor esfuerzo te haga desistir de tu sueño de ser ingeniero electrónico".

Esas palabras fueron como una inyección de energía que me permitió resolver la situación y salir adelante en mi meta[1] de convertirme en un ingeniero electrónico, como finalmente lo logré en la última semana del mes de agosto de 1999.

Me detengo un momento en esa semana, dado que fue muy especial por cuanto en ella alcancé varias metas importantes (que llamaría bendiciones) en mi vida: el día 24 de ese mes nació Gilber Alexis, mi primogénito, primera bendición; tres días después, el 27 de agosto, me casé por lo civil con mi amada Jacqueline, segunda bendición; y, finalmente, el 28 de agosto me gradué como ingeniero electrónico, tercera bendición. Sólo me faltaba escribir un libro, sueño que hoy,

■
1. Hablo de metas, ya que son sueños con límite de tiempo.

veintidós años después, estoy cumpliendo al trazar estas líneas.

Qué significa perseverar

De acuerdo con el diccionario de la lengua española, *perseverar* implica "Mantenerse constante en la prosecución de lo comenzado, en una actitud o en una opinión". Perseverar es persistir, insistir, mantenerse, no volver la cara atrás, llevar adelante, perdurar, permanecer, proseguir, continuar, empeñarse, insistir, obstinarse. Lo opuesto es desistir, renunciar, ceder.

Cómo perseverar

Según Heywood Woody Allen, famoso director de cine, guionista, actor y músico estadounidense, "El 90 % del éxito se basa simplemente en insistir", e insistir es sinónimo de perseverar. Para perseverar nos debemos mantener constantes en el logro de lo comenzado sin volver la vista atrás. Pero no basta con insistir. En mi caso, fue muy importante el estímulo de mamá.

Perseverar implica ser constante en un propósito o una meta. Haciendo eco del ejemplo de mamá, recuerdo que en el grado de secundaria de mi hijo mayor él recibió la medalla a la perseverancia por haber cursado todos los años, desde la primaria, en el mismo colegio. No fue una tarea fácil (fueron once años) ya que en algunos momentos existieron presiones para cambiarlo de colegio, pero fuimos perseverantes y él cumplió su meta de graduarse como bachiller en ese colegio. Hoy su hermano está en el mismo colegio terminando su último año de primaria ■

Lección 3

Regla de oro

En nuestra niñez, cuando los cinco hermanos que conforman mi familia peleábamos, nuestro padre nos decía esta frase de Confucio: "No hagas a los demás lo que no te gusta que te hagan a ti". Una gran lección de vida que nuestra madre siempre respaldó y que nos llevó a ser más tolerantes al ponernos en los zapatos de los demás, en mi caso, en el de mis hermanos.

Con el paso del tiempo, me hice padre y les compartí esta misma lección a mis dos hijos, quienes hoy hacen eco de ella. Un día dejaron debajo de mi puerta un folleto que decía: "Todo cuanto queráis que os hagan los hombres, así

también haced vosotros con ellos, porque esta es la ley y los profetas" (Mateo 7:12). Me llamó la atención que era la misma frase de Confucio citada por mi segundo padre, Fulvio, pero en una redacción positiva. Eso me llevó a investigar un poco y encontré que la primera frase debería ser una de las analetas[2] de Confucio, escrita alrededor de 640 años antes de Cristo. También descubrí que se cree que el evangelio de Mateo, antes citado, se compuso entre los años 80 y 90 después de Cristo, esto es un poco más de 700 años entre una época y otra. Pese a ello, considero que el mundo sería otro si se practicara con mayor frecuencia cualquier de las dos versiones de la regla (de oro o de plata), como se explica a continuación.

En qué consiste la "regla de oro"

La regla de oro, ley de oro o regla áurea está presente en todas las religiones del mundo. De acuerdo con la Wikipedia[3] (2021):

> Son denominaciones para un principio moral general que puede expresarse como: «Trata a los demás como querrías que te trataran a ti» (en su forma positiva) o «No hagas a los demás lo que no quieras que te hagan a ti» (en su forma negativa, también conocida como regla de plata). No consiste en la afirmación de determinadas conductas o en la imposición de valores afirmativos o positivos, como sucede en las doctrinas dogmáticas, sino que preconiza una dinámica de relaciones intersubjetivas basada en el sentido común y en el principio de no agresión.

■

2. Compilación de los dichos y las acciones de Confucio.

■

3. Fuente: https://es.wikipedia.org/wiki/Regla_de_oro_(%C3%A9tica).

Según esta misma fuente, se considera que pudo ser el punto de partida que condujo a la formulación de los derechos humanos que mencionaba en la primera lección.

La tabla 1 relaciona las versiones de la regla de oro según las religiones.

Cómo aplicar la regla de oro en nuestra vida

Aplicar la regla de oro es algo sencillo, sólo se debe seguir literalmente cualquiera de sus dos versiones. Recordemos que la versión de Confucio es conocida como la regla de plata. Para ello basta con tratar a los

Tabla 1. La regla de oro en las religiones

Religión	Versión de la regla
Cristianismo	"Todo cuanto queráis que os hagan los hombres, así también haced vosotros con ellos, porque esta es la ley y los profetas" (Mateo 7:12).
Judaísmo	"Lo que es odioso para ti, no se lo hagas al prójimo". "Amarás a tu prójimo como a ti mismo".
Zoroastrismo	"La naturaleza sólo es buena cuando no se hace a los demás nada que no sea bueno para uno mismo".
Confucianismo	"No impongas a otro lo que no elegirías para ti mismo".
Budismo	"No hieras a los otros de una forma que tú mismo encontrarías hiriente".
Taoísmo	"Considera la ganancia de tu vecino como tu ganancia, y la pérdida de tu vecino como tu pérdida".
Hinduismo	"Trata a los otros como te tratas a ti mismo".

Fuente: Wikipedia (2021).

otros como te tratas a ti mismo, o como te gustaría que te trataran, al mismo tiempo que no les haces a los demás lo que no te gustaría que te hicieran a ti.

En algunos momentos de reflexión he llegado a pensar que si emprendiera un negocio la regla de oro y la de plata serían mi política de atención al cliente:

"Atiende a nuestros clientes como te gustaría que te atendieran" y "Trata a los clientes cómo te gustaría que te trataran" ■

Dar

" Ella tenía otras cosas especiales para dar... donde iba hacía su trabajo con mucho amor".

La mañana en que escribo estas líneas mi esposa me dice que días atrás la visitó una persona cercana a la familia y le dijo con nostalgia que en cada rincón de su casa evocaba a mamá. Según le contó, la recordaba cuando abría el armario y veía las blusas que le regaló, o al lavar la ropa de casa y ver la cobija que le dio en su cumpleaños. Esa era mi mamá, un ser que gozaba y vivía la felicidad del dar.

Hace poco me dijo mi única hermana que nuestra madre guardaba entre sus cosas regalos para ocasiones especiales; mantenía una especie de reserva. Su corazón era muy grande, incluso no le importaba si se tenía que endeudar para dar regalos en las fechas especiales. A mamá le gustaba mucho hacer reuniones para celebrar cumpleaños; se puso muy triste por no poder celebrar mis cincuenta, pues estábamos en medio de la pandemia. Sin embargo, con mucho amor me dio el dinero que tenía ahorrado para la celebración. Esa era mi madre. Su ofrenda llegó en un sobre con este mensaje:

> Sólo Dios sabe cuánto te amo y lo mucho que anhelo tu felicidad. Espero que todos los días de tu vida sean extraordinarios y que todos tus sueños se hagan realidad. ¡Feliz cumpleaños, hijo!

Qué significa dar

Según el diccionario de la lengua española, existen cincuenta y tres definiciones para el verbo "dar"; algunas de ellas lo señalan como sinónimo de donar, entregar, conferir, proveer, conceder y otorgar. Otros sinónimos son asignar, ceder, traspasar, facilitar, obsequiar, proporcionar, aportar, suministrar, proveer y conferir. Por su parte, el diccionario de español de Google® registra estos sinónimos: regalar, facilitar, proporcionar, ofrecer, adjudicar, dispensar e impartir. Sus opuestos son quitar, recibir, arrebatar y despojar.

Esta semana encontré en Twitter un trino del Dalai Lama[4] que resulta muy apropiado para ilustrar qué significa esta lección de mamá: "Dar se reconoce como una virtud en todas las religiones principales y en todas las sociedades civilizadas, y claramente beneficia tanto al que da como al que recibe. El que recibe se alivia de los

---

4. Tomado de su trino del 21 de marzo de 2022 en https://twitter.com/DalaiLama/.

dolores de la necesidad. El que da puede consolarse con la alegría que su don trae a los demás".

Cómo aplicar el dar en nuestra vida

Dar es la segunda de las siete leyes espirituales del éxito, también denominada ley de dar y recibir, que señala en el libro del mismo nombre Deepak Chopra (1984). Según este famoso líder espiritual, "El universo opera por medio de un intercambio dinámico... Dar y recibir son aspectos diferentes del flujo de la energía en el universo. Y si estamos dispuestos a dar aquello que buscamos, mantendremos la abundancia del universo circulando en nuestra vida". De acuerdo con Chopra, al dar, nuestra intención siempre debe ser crear felicidad tanto para nosotros como para quien recibe, puesto que la felicidad sostiene y es sustento de la vida y, por esto, genera abundancia. Chopra nos da la siguiente guía para poner en práctica esta ley: "Cada vez que entremos en contacto con una persona, le daremos algo. No es necesario que sean cosas materiales; podría ser una flor, un cumplido o una oración", o algo inmaterial como "afecto, aprecio y amor". Chopra me recuerda la gran lección de mamá cuando dice: "Nunca visitar a alguien sin llevarle algo". Cuando salíamos a visitar a alguien mi mamá nos pedía que nos detuviéramos en una panadería para comprarle pan. Ella tenía otras cosas especiales para dar, como su trabajo: incluía en su maleta sus instrumentos de corte de cabello (en la última lección lo explico), ya que donde iba hacía su trabajo con mucho amor ■

Gratitud

> " La gratitud es la memoria del corazón".

Como aprendí de mi primo Polo, "La gratitud es la memoria del corazón", y hoy, al hablar con mi esposa sobre esas lecciones que recibió de mamá, me dice que de esa virtud le hablaba ella una y otra vez. Le decía que lo más bonito de un ser humano era que fuera grato. Desde muy pequeños nuestros padres nos enseñaron a agradecer los favores recibidos, incluso si pagábamos por ellos. Recuerdo la frase: "¿Cómo se dice?" y la consecuente respuesta que debíamos dar: "¡Gracias!". Hoy hago lo mismo con mis hijos cuando yo u otra persona les hace un favor.

Recuerdo que cuando tuve la oportunidad de realizar

en Alcalá de Henares, la tierra natal de Miguel de Cervantes Saavedra, un curso de tecnología gracias a una beca en el Instituto Nacional de Administración Pública de España, esa enseñanza se hizo evidente en mi trato con las personas. Muchos me decían que no era necesario que les agradeciera un servicio por el cual había pagado; otros afirmaban que yo era muy amable. La verdad, no hacía otra cosa que seguir las enseñanzas de mamá.

Qué es la gratitud

Según la Real Academia Española (RAE), la gratitud se define como el "Sentimiento que obliga a una persona a estimar el beneficio o favor que otra le ha hecho o ha querido hacer, y a corresponderle de alguna manera". Entre sus sinónimos están las palabras agradecimiento, reconocimiento, correspondencia, devolución y ofrenda. Sus antónimos: ingratitud y deslealtad. Es considerada como un sentimiento religioso de carácter universal, ya que, al igual que la regla de oro mencionada, está presente en la mayoría de las religiones del mundo, en especial en la oración de gratitud hacia Dios.

Cómo aplicar la gratitud en nuestra vida

La gratitud no es otra cosa que hacer que nuestro corazón recuerde. Despertar en nosotros ese sentimiento que nos obliga a estimar o agradecer el beneficio o los favores que otras personas nos han hecho o nos han querido hacer y que nos llevan a corresponderles. En el video que mamá me envió por mis cumpleaños número 50 (cuatro meses antes de su

trascender) me dijo: "Hijo,
agradece por todo lo que tienes,
tu casa, tus hijos, el empleo, la
salud y, especialmente, a Dios.
Finalmente, como señala el
Dalai Lama, ten en cuenta que
la raíz de todo bien reposa en la
tierra de la gratitud" ■

Lo mejor y lo bueno

" La filosofía minimalista consiste en reducir a lo esencial, despojar los elementos sobrantes, restar lo superfluo, quedarnos con lo bueno".

Siempre me ha gustado hacer las cosas lo mejor posible, al punto de que me han llamado perfeccionista (creo que tiene relación con mi inclinación por la ingeniería). Es la tendencia a mejorar indefinidamente un trabajo sin decidirse a considerarlo acabado. Recuerdo que en esas ocasiones mi mamá me decía una y otra vez: "Hijo, ya deje eso así... no le haga más... le va a coger la tarde...". Esos consejos me ayudaban a controlar esa tendencia a gastar mucho tiempo por intentar hacer la tarea lo mejor posible (en algunos casos, más allá de lo realmente posible), e incluso fallar en el intento y dejar de hacer "lo bueno". Simplemente se trataba de cumplir con los mínimos requerido. Por ejemplo, retrasar mis diplomas por ir más allá del alcance propuesto en los trabajos de grado. En conclusión, dejar de hacer lo bueno por buscar lo mejor (hoy me pasa con mi segunda maestría).

Por qué lo mejor es enemigo de lo bueno

Cuando escogemos hacer lo mejor en lugar de lo bueno, podemos sacrificar el cumplimiento de la tarea por la falacia de hacerla mejor, esgrimiendo un argumento que parece válido, pero que no lo es desde la realidad posible. Siguiendo con el ejemplo de mi trabajo de grado, corrí el riesgo de no graduarme porque se pasó el tiempo permitido por la universidad para ello, dado que estaba tratando de agregar un contenido óptimo a mi proyecto.

En este punto es bueno hablar de la llamada falacia del Nirvana, que en la Wikipedia se define como el error lógico de comparar cosas reales (lo bueno) con cosas irreales u opciones idealizadas (lo supuestamente "mejor"). Esta definición también señala que puede referirse a la tendencia a suponer que existe una solución perfecta a un problema particular, lo que en realidad no existe.

Cómo aplicar lo bueno en nuestras vidas

Existe una frase común que nos da pistas sobre cómo aplicar el principio de que "menos es más" o "menos es mejor". Atribuida al arquitecto Mies van der Rohela, esta frase resume la filosofía minimalista, que consiste en reducir a lo esencial, despojar los elementos sobrantes, restar lo superfluo, quedarnos con lo bueno evitando las falacias de eso "mejor" que tal vez sea imposible de lograr ∎

Lo urgente y lo importante

"Los problemas urgentes no son importantes, y los importantes nunca son urgentes".

Desde muy pequeño mi mamá me inculcó que debía ocuparme de lo verdaderamente valioso en la vida. Recuerdo sus consejos sobre atender primero a la familia o realizar las tareas académicas antes de comprometerme con otras labores que eran "urgentes", pero no importantes. La verdad, eso me ayudó a lidiar con mi tendencia a procrastinar, esa costumbre de postergar las tareas y dedicarse a otras que sí podrían esperar o, como se indica en un artículo de *The New York Times* de 2019[5]: hacer

5. "Procrastinar no es un asunto de holgazanería, sino de manejo de las emociones". https://www.nytimes.com/es/2019/03/26/espanol/como-evitar-la-procrastinacion.html.

algo en contra de nuestro mejor juicio.

Por qué lo urgente es enemigo de lo importante

Como señala Stephen Covey al citar a Goethe[6]: "Lo que importa más nunca debe estar a merced de lo que importa menos". En la vida es frecuente que nos encontremos en situaciones en las que aparentemente existen varias opciones o posibilidades de actuación y no se sabe cuál de ellas escoger, debido a que pueden parecer igualmente buenas e incluso malas. En ese orden de ideas, cuando escogemos hacer lo urgente en lugar de lo importante podemos estar desperdiciando tiempo valioso para el logro de nuestras metas o de aquello que puede traer mayor valor,

6. En su libro "Los siete hábitos de la gente altamente efectiva" (1989, página 166).

alegría, dicha o felicidad a nuestras vidas.

Cómo aplicar lo importante en nuestras vidas

Un buen camino para ello está en elaborar una tabla o caja de Eisenhower o matriz de la administración tiempo, como la llama Stephen R. Covey en su libro antes citado. Esta tabla permite evaluar los dos factores de una tarea o actividad: en primer lugar, la urgencia (asociada a la prontitud); y en segundo lugar, la importancia (en asocio con la relevancia), y con ello gestionar el tiempo que se le debe dedicar a cada una.

Su uso obedece a la siguiente frase de Dwight David Eisenhower (militar y político, presidente número 34 de los Estados Unidos de América, entre 1953 y 1961): "Tengo dos clases de problemas, los urgentes y los importantes. Los urgentes no son importantes, y los importantes nunca son urgentes". Para llevar esta frase a la práctica, se debe evaluar las tareas o actividades según su nivel de urgencia y de importancia en la matriz (tabla) que se ilustra a continuación. Luego se actúa en consecuencia con los enunciados de cada cuadrante de la matriz ■

Tabla 2. Matriz de gestión del tiempo

	Urgente	No urgente
Importante	Cuadrante 1 Actividades que se deben realizar inmediatamente, de forma personal.	Cuadrante 2 Actividades que se deben planear de forma personal.
No importante	Cuadrante 3 Actividades que se deben delegar.	Cuadrante 4 Actividades que se deben eliminar.

Fuente: https://es.wikipedia.org/wiki/Gesti%C3%B3n_del_tiempo.

La fe

"Aplicar la fe… es creer sin necesidad de ver… es tener confianza".

Mi madre solía cortarles el cabello a familiares y vecinos. Había tomado muchos cursos para ello y era muy buena en su arte; incluso llegó a ser profesora de una caja de compensación familiar de nuestra ciudad. En muchas ocasiones, en medio de esas sesiones de corte, la escuché contarles a sus clientes la historia de la fe y el grano de mostaza, en especial al hablar del trascender de los **seres** queridos. Les relataba su versión resumida de la historia de Buda y Kisa Gotami, la cual comparto a continuación:

Cuenta la tradición budista que Kisa Gotami era la joven esposa de un hombre rico que viajaba mucho por la India.

Su único hijo se enfermó y murió. Ella se rehusó a aceptar la situación y a enterrarlo. Algunos llegaron a pensar que Kisa había perdido la razón. Un viejo se apiadó de ella y le recomendó que hablara con Buda. Kisa atendió el consejo y lo buscó. En su encuentro Buda le expresó que podía volver al niño de ese sueño profundo si ella era capaz conseguir semillas de mostaza en la casa de una familia del pueblo en la cual ninguna persona hubiera muerto. Sin vacilar, ella recorrió todas las casas y no tuvo dificultad para conseguir las semillas de mostaza, pero en todos los hogares había muerto alguien días, meses o años atrás. Ante esto, Kisa tomó conciencia y volvió donde Buda y, con mucho dolor, pero a la vez aceptando el trascender de su hijo, estuvo de acuerdo en enterrarlo y seguir en adelante las enseñanzas del maestro.

Estas palabras de mamá sobre la valiosa historia acerca del trascender y las semillas de mostaza acudieron a mi mente en junio de 2021, cuando le rendí un homenaje en su novenario.

Qué es la fe

La fe es como un grano de mostaza. Al principio es tan pequeño que mide menos de un milímetro, pero cuando crece se convierte en el árbol más fuerte que puedes encontrar. Según Mateo 13:31-32, el Reino de los Cielos es semejante al grano de mostaza que tomó un hombre y lo sembró en su campo; es, ciertamente, la más pequeña de todas las semillas, pero cuando crece se convierte en la mayor de las hortalizas, y llega a ser como un árbol, hasta el punto de que los pájaros del cielo acuden a anidar en sus ramas.

Fe es una palabra que viene del latín *fides,* que en la

mitología romana era como se le conocía a la diosa de la confianza. Según la RAE, existen nueve definiciones para esta palabra: "Conjunto de creencias de una religión" o "de alguien, de un grupo o de una multitud de personas". La última de las definiciones coincide con el cristianismo, en el cual es una virtud teologal "que consiste en el asentimiento a la revelación de Dios, propuesta por la Iglesia". Recordemos que las virtudes teologales son las que toman como referencia a Dios y son tres: fe, esperanza y caridad.

Algunos de sus sinónimos son: creencia, religión, convicción, convencimiento, dogma, credo, confianza, lealtad, crédito, seguridad, aseveración, afirmación, fidelidad, rectitud, lealtad y honradez.

Cómo aplicar la fe en nuestra vida

Aplicar la fe no es otra cosa que hacer que la semilla de mostaza crezca en nuestros corazones. Es creer sin necesidad de ver. Es tener confianza. La Biblia es una buena fuente de orientaciones sobre cómo aplicar la fe. Por ejemplo, Juan 11:25 dice "Le dijo Jesús: Yo soy la resurrección y la vida; el que cree en mí, aunque esté muerto, vivirá" ■

La prudencia

"Con el transcurrir del tiempo, aprendemos a seguir lo bueno y huir de lo malo, a tomar decisiones de manera sensata, ejerciendo nuestro buen juicio en las cosas que nos suceden".

Esta semana, mientras conducía hacia el colegio de mi hijo menor, mi hermana me pidió que manejara con prudencia. Me recordó una frase que usaba nuestro padre cuando le pedíamos que fuera más rápido al conducir: "Es mejor perder un minuto en la vida y no la vida en un minuto". De inmediato, mi hijo menor me pidió que la incluyera en este libro.

Al pensar en la enseñanza detrás de esa palabra, no encontré otra forma de definirla que no fuera la prudencia, esa que nos enseñan una y otra vez cuando somos pequeños. Nuestros padres nos enseñan a ser prudentes a partir de su experiencia, moldeando nuestro comportamiento para un mejor vivir.

Qué es la prudencia

Es considerada una virtud que se desarrolla a partir de la experiencia de vida; orienta a las personas sobre cómo y cuándo actuar.

La palabra prudencia tiene su origen en el latín *prudentia y* es sinónimo de templanza, cautela, moderación, sensatez, buen juicio, cordura, circunspección, tacto, ponderación, reflexión, seriedad y madurez.

Según la RAE, es "En el cristianismo, una de las cuatro virtudes cardinales, que consiste en discernir y distinguir lo que es bueno o malo, para seguirlo o huir de ello". Recordemos que las otras virtudes cardinales son la templanza, la fortaleza y la justicia.

Dentro de sus opuestos se encuentran: imprudencia, insensatez, indiscreción, informalidad y descuido.

Cómo actuar con prudencia en nuestra vida

Como ya se indicó, la prudencia es una virtud que desarrolla el ser humano a partir de su experiencia de vida. Con el transcurrir del tiempo, aprendemos a seguir lo bueno y huir de lo malo, a tomar decisiones de manera sensata, ejerciendo nuestro buen juicio en las cosas que nos suceden. En otras palabras, actuando con madurez. La clave es ser consciente sobre cómo y cuándo obrar de una u otra manera, anticipando los efectos de nuestros actos en nosotros y las personas que nos rodean.

Creo que una buena fuente son las lecciones de nuestros padres y abuelos (la razón que motivó la escritura de este libro); lo que algunos llaman "la sabiduría de los años", esa palabra que mencioné al inicio junto a la "madurez" y que considero que ha quedado plasmada aquí. Lo más seguro es que cuando esta obra se publique ya me habré graduado de abuelo en ese ciclo de vida del respirar de nuestro universo ■

Quién era mamá

Después de haber relatado en este libro las principales enseñanzas de mamá, a manera de una etopeya, cierro con un retrato de ella. Trato en esta tarea de ser fiel a la imagen que aparece en la portada y que capturé ese hermoso atardecer en nuestro último viaje a Cartagena, Colombia.

Sarita

Era el nombre con el que sus amigas la llamaban; pero no era el único, recuerdo que en muy pocas ocasiones y con cariño le decíamos Oliva, como la esposa de Popeye, ya que su nombre completo era Sara Oliva[7]. Vale aclarar que muy pocos se referían a ella usando su segundo nombre; en el fondo, creo que no le gustaba.

7. Para los lectores más jóvenes, Popeye era el dibujo animado de un marino que se volvía muy fuerte cuando comía una lata de espinacas; su esposa se llamaba Oliva. Fue muy popular hasta la década de los noventa.

Los hijos la llamábamos simplemente mamá, Sara o doña Sarita; y sus nietos, abue.

Mamá tuvo cinco hijos: cuatro hombres y una mujer. Con Efraín, mi padre, tuvo a Hamilton, James y a mí, Gilber; y con Fulvio, mi segundo padre, tuvo a Fulvio Leonardo y a Mónica.

Ella nació en Santa Elena, corregimiento del municipio El Cerrito, en el Valle del Cauca, Colombia. La misma tierra donde Jorge Isaacs escribió su novela romántica *María* y donde vivió una parte de su vida.

Mamá era de baja estatura, medía alrededor de un metro con cincuenta, y era muy elegante (la foto de la portada da testimonio de ello). Había cumplido 68 años el 16 de abril de 2021, el mismo año de su trascender espiritual. Ese cumpleaños fue muy especial, ya que nos pidió que

durara toda una semana y así lo hicimos. Recuerdo que durante la celebración, tal vez anticipando los hechos, nos dijo que quería que la recordáramos con la canción *Sabrás*[8], del maestro Begner Vásquez Ángulo, de Herencia de Timbiquí. Cuando lo dijo el corazón se me encogió, como en este momento cuando escucho esa parte que dice:

Cuando te beso es tanta la emoción
Que el corazón palpita más y más
Entro a un estado de relajación
Siento que ya puedo morir en paz.

Hoy le dedico la parte que dice:

...yo te amaré en el cielo o en la tierra.

Volviendo al retrato, el cabello de mamá era de un lindo color negro. Cuando era

8. *Sabrás*© Peermusic de Colombia.

joven lo llevaba largo, pero con el pasar de los años decidió cortárselo y, al llegar la edad madura y las canas, lo empezó a tinturar de color castaño. Su piel era de color canela, ese que identifica a la mujer latina. Sus ojos negros brillaban con gran intensidad; definitivamente, atraían y transmitían empatía. Sus delicados labios delgados, sumados a sus cejas levantadas, resaltaban su cara coqueta.

Me alejo del retrato para decir que mamá tenía una de las características que reconozco en los líderes: carisma. En su novenario alcanzamos a contar 70 personas conectadas vía internet en la noche, en plena pandemia. Era una mujer muy inteligente y creativa; le gustaba mucho lo que tuviera que ver con el cuidado del cabello. Gracias a ello llegó a ser profesora en varias academias de belleza.

Doña Sarita (como la llamábamos de forma cariñosa) era muy risueña, pese los momentos duros que moldearon su vida. En especial, la marcó la desaparición de mi tercer hermano, James, en 1992, a quien siempre recordó con amor. Esperó su regreso hasta el último de sus días. Precisamente, al médico que la atendió por covid, antes de hablarle de sus síntomas, le contó esa historia. Fueron muchas las caminatas que realizamos en su búsqueda. De seguro darían para escribir otro libro (tal vez lo haga... si mis hermanos están de acuerdo).

A mamá le gustaba leer y escribir. Con la llegada de las redes sociales aprendió a manejar el computador y el teléfono móvil. Recuerdo que varias de las enseñanzas consignadas en este libro fueron compartidas por ella como mensajes de texto en el grupo de wasap de la familia. Se enojaba si no la llamábamos o no le dejábamos mensajes allí. El siguiente es un texto de su autoría, que encontró mi hermana entre sus cosas, y que habla de la amistad.

> *"Hola*
> *Sonríe… La vida continúa ok.*
> *Cuando te sientas triste*
> *recuerda que…*
> *Para estar feliz no necesitas*
> *mil personas a tu alrededor.*
> *Simplemente una amistad que*
> *esté cerca de ti, en lo bueno y en*
> *lo malo.*
> *Una frase sincera que no te*
> *hiera, sino que, por el contrario,*
> *sea de apoyo para salir adelante*
> *y descubrir las cosas buenas que*
> *nos da la vida.*
> *Ama, llora, ríe y recuerda que*
> *una amistad sincera se lleva*
> *hasta la tumba.*
> *Adelante, sin mirar atrás.*
>
> Sara R

Mamá aprendió a usar el computador a los 57 años, en 2010, gracias a su amor por el corte de cabello. Le habíamos insistido, pero ella no quería aprender; sin embargo, para poder ejercer su profesión (por una nueva reglamentación de su trabajo), debía hacer dos cursos virtuales en el Servicio Nacional de Aprendizaje (SENA): uno sobre tecnología y otro acerca de la bioseguridad en el corte de cabello. Eso fue una década antes de la pandemia. Hace poco mi hermano mayor me envió el proyecto que ella presentó de su salón de belleza y se me volvió a encoger el corazón cuando lo leí. Me lo envió para que lo incluyera en el libro. Este es el plano del salón de belleza[9] de mamá:

---

9. Fuente: Proyecto presentado al SENA por mamá (2010, abril).

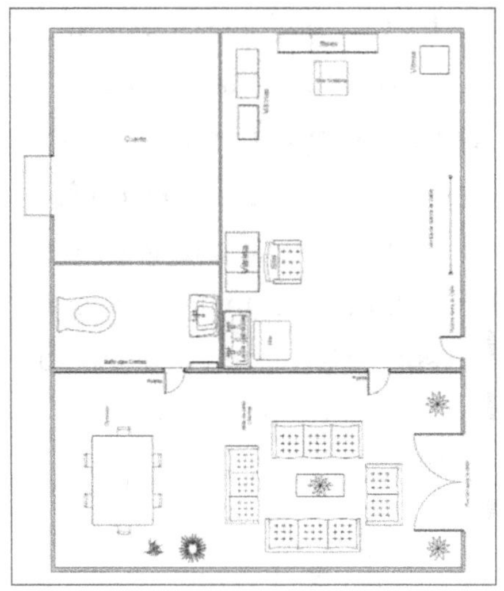

El salón de mamá.

Mi hermana me decía hace poco que mamá era una fanática de tomar apuntes; creo que hubiera podido ser una gran escritora. Entre sus cosas encontramos cientos de apuntes, varias recetas para el alma, la salud y el estómago. Algunos de los apuntes parecen páginas de un diario. Al deporte le dedicó más bien poco, aunque tiempo atrás había comprado una caminadora y una bicicleta estática para hacer ejercicio en la casa. Hasta aquí el retrato.

Para cerrar, debo decir que no fue fácil escribir este libro, en especial el retrato. Hace pocos meses que partió mamá y la última vez que la vi apenas alcanzamos a tocarnos los dedos antes de que la intubaran para brindarle la ventilación mecánica, tal como lo recomendaron los médicos que le trataron el covid. Recuerdo que en ese fugaz momento me sonrió. Hoy sólo puedo escribir con lágrimas en mis ojos que la amaré por siempre, que le rindo un homenaje con este libro y que le agradezco al lector por ser parte de él. Termino con un compromiso: seguiré dando cada día testimonio de sus enseñanzas, tal como lo hace a continuación nuestra familia con sus mensajes. Te amo, mamá; Dios contigo ∎

Mensajes a mamá

Al inicio o al final de los homenajes nos piden que tomemos el micrófono y dirijamos unas palabras a quien honramos. Este libro no puede ser la excepción. Por ello le pedí a la familia con la que tenía contacto en redes sociales que le escribieran a mamá los mensajes que comparto a continuación, como testimonio de las enseñanzas que nos dejó:

"Abuela, amor mío, o mor, como más te decía. Quiero agradecerte cada consejo, regaño, alegría y amor que me diste; siempre te llevo en mi corazón porque de ti aprendí la importancia de caminar el kilómetro de más, algo que jamás se me olvidará, y lo más importante: el agradecimiento, dos cosas que siempre me recalcabas. Te amamos muchísimo; gracias por ser como fuiste. Dios contigo".

José David

*Es difícil escribirle a mamá; aún pasan
días grises. Entendiendo todo el contexto de
trascender, lo haré para agradecerle tanto amor
expresado por ella de mil maneras a todos y cada
uno; gracias por enseñarme que la fe es lo más
importante y que si no vivo al servicio del otro
que me representa a mí misma, se me hace más
difícil cada situación. También me enseñó al final
que debo elegirme por encima de todo y de todos
porque, al hacerlo, siempre estaré viviendo para
Dios que habita en mí.*

*Ella eligió su momento y, a pesar de este vacío
humano, me alegra el alma saber que ya no sufre,
que ya no le duele su cuerpo, y me consuelo al
imaginarla sonreír, liviana y amada por Dios".*

Mónica

*"Mi abue: me haces mucha falta, más en este momento
tan importante para mi vida, en el que no estás aquí para
compartir contigo mi felicidad y sentir tu apoyo, pero sé
que dejaste seres maravillosos que te representan (mis tíos
y padre) y me ayudan a soportar este proceso. Te extraño
muchísimo, mas sé que estás en un lugar mejor, donde
puedes sentirte plena. Por eso te pido que aceptes tu partida
para que puedas descansar en paz. Confío en que algún día
nos veremos y te abrazaré tan fuerte que se sentirá en la
tierra por toda esa falta que me has hecho. Que Diosito te
bendiga y te cuide en el lugar que estés. Siempre te amaré
con toda mi alma, siempre estará presente tu lección y la
clave que me diste para la vida: la humildad. Te prometo
llegar muy lejos y triunfar en la vida para que puedas
sonreír porque todos mis triunfos son gracias a tu aporte en
mi vida.*

Gilber Alexis

¡Hola, madreee; hola, hijo! Ya han pasado 10 meses y 21 días de tu partida, para mí son unos días más porque el paro me impidió abrazarte antes de que nos dejaras y decirte "te amo" y volver a sentir ese abrazo que no me dejaba ir (je, je, je) al salir para Cali. En casa te saludo todos los días para disipar tu ausencia. Me ayuda verte sonreír; sé que estás bien, ¡feliz y aliviada de tanta carga que en la vida se te presentó! Estás en mi mente y mi corazón, madre mía, y estaremos juntos cuando Dios padre así lo quiera. Aún escucho tu voz al decirme "Cuídese, ¡cuídeseeee (je, je, je) por el covid!". ¡Te amo hoy y siempre!".

Fulvio Leonardo

Chiquita, pero con un gran corazón. Ese corazón que me enseñó a amar, comprender y aceptar y, sobre todo, a ayudarles a los demás. Son tantas cosas lindas que compartimos a lo largo de nuestra vida que aún no entiendo por qué no estás. Siempre estuviste en los momentos más duros de mi vida, acompañándome, aconsejándome y ayudándome; pero, bueno, sólo Dios sabe el porqué. Lo más lindo fue que me dejaste uno de tus grandes tesoros, que cuidaré y amaré por siempre.

Jacqueline

Me gustaría decirte que te extraño mucho. Quiero contarte que ya soy tío y que tenemos dos perritas: una es Milú y la otra, Maya; y el bebé se llama Noah. Mi tía se mudó con nosotros y me alegra mucho. Te amo y cuídate.

Gilber Andrés

Las madres son únicas en el mundo y, como dice el dicho popular, "Madre sólo hay una y como la mía, ninguna". Con las madres se despierta un vínculo que no se tiene con ningún otro ser del planeta. Antes de nacer, cuando nos llevaba en su vientre, ya nos cuidaba y nos quería más que a su propio ser. Después se encargó de hacer todo lo que pudo para sacarnos adelante y para que no nos faltara nada, dentro de sus posibilidades.

A ti, madrecita... que no sabes las veces que te despertaste durante las noches de tu vida para atendernos. Ya hace 11 meses que te marchaste, pero aún sigo en duelo silencioso y pienso en el día de tu partida, un día marcado en el calendario como aquél que hubiéramos querido que no llegara. No estábamos preparados para tu partida; digo "estábamos" haciendo referencia a nosotros, tus hijos, nietos, nueras, familiares y amigos. Nunca es el momento para que una madre, abuela, suegra, hermana, tía, prima y amiga se vaya; no importan las circunstancias, simplemente nunca es un buen tiempo. Te queríamos a nuestro lado para siempre, aunque sé que el tiempo de Dios es perfecto.

Desde tu viaje a otra dimensión siento que me han arrancado un trozo de corazón que no me devolverán jamás. Cada vez que miro a mis hijos, sé que les dejaste una huella con tu amor, protección, consejos, sabiduría, regaños... ¿y sabes?, no sólo para ellos, sino para mis hermanos, nueras, familiares y amistades. Desde el Cielo estas acompañándonos y ves todo lo que yo veo. Ver cómo siguen su proceso de crecer y jugar; cómo maduran con el paso de los años, como serán sus hijos cuando se conviertan en profesionales; de seguro serán lo mejor de lo mejor por tus enseñanzas.

No hay día que no piense en ti. Aún escucho tu voz y cuando miro el teléfono sólo quiero llamarte para escucharte de nuevo, que me digas todo lo que me quieres y sentir que estás al otro lado de la línea. Solo quisiera abrazarte lo más fuerte posible y no soltarte jamás.

Sé que a pesar de ser una niña de 16 años nos demostraste el amor incondicional que sentiste por mí y por mis hermanos incluso desde antes de nacer.

No hay día en que no me acuerde de los esfuerzos y sacrificios que hiciste por nosotros, porque ser madre es la responsabilidad más grande que se puede tener... y dura toda la vida.

No hay día en que no me acuerde de que en tus días grises siempre intentabas pintar un arcoíris para que no perdiéramos la sonrisa...

De tu paciencia... que tenías mucha, no todas las veces (je, je, je), aunque nosotros en esos momentos no nos diéramos cuenta.

De tus ganas de vivir, pues sólo querías salud para poder estar con nosotros el máximo tiempo posible; porque el hecho de no poder estar a nuestro lado te dolía inmensamente. No querías dejarnos solos; siempre éramos tus niños.

De que siempre hiciste lo mejor que supiste o pudiste para que estuviéramos bien.

Por eso hoy, mamá, aunque no te tengo a mi lado te abrazo fuerte porque te pienso cada día y reflexiono sobre ti, sobre mí, sobre cada uno de mis hermanos y su familia; sobre la vida y sobre todo el amor que siempre me diste. Pienso en el dolor profundo que sentiste al perder a tu madre cuando eras una niña. Solías manifestarnos la falta que te hacía nuestra abuela Trinidad; aunque en ese momento yo no entendía del todo esa añoranza, sabía que estabas triste. Sin embargo, siempre te vi como una mujer fuerte...

Ahora reconozco el dolor profundo que se siente y te admiro aún más que antes porque seguiste luchando por tu familia con toda la entereza del mundo.

Aunque siento que sigues a mi lado, me veo reflejado en ti y eso me hace sentir el hijo más orgulloso del mundo, porque tuve la mejor madre y gracias a eso soy quien soy. Tu sonrisa se ve plasmada en la mía y estoy seguro de que, en muchas cosas, me parezco a ti y, como dicen mis hermanos y familia, yo era tu ñaña.

Seguiré haciendo cosas que me hagan sentir cerca de ti, como estar siempre para mis hermanos y la familia; mantener la unidad familiar, como te gustaba; salir a pasear en familia por donde te encantaba (El Mesón, Villa Sarita, Villa León y muchos otros sitios...). Siempre hablaré de ti, de lo maravillosa que fuiste y lo feliz que nos hiciste mientras pudimos tenerte a nuestro lado.

Te amo, mamá. Besos al Cielo.

Hamilton

*Hermana de mi vida: tu ausencia
ha sido muy dura. Gracias por todo
lo vivido. Desde niña aprendí mucho
de ti; tu amor y dedicación a tus hijos
y la familia fue un ejemplo para mí.
Te amaré por siempre y tu recuerdo
estará en mi mente y mi corazón.*

Teresa

*Hermanita: le doy gracias a Dios por escogerme
como tu hermano. Siempre estaré muy agradecido,
ya que tú estuviste en los momentos más difíciles y
alegres de mi vida. Gracias por ser tan especial con
mi esposa y con mis hijos, por estar ahí para cada
uno de ellos; gracias por tus consejos y tus jalones
de orejas, pues me hablabas y me hacías ver las
cosas cuando me equivocaba. Te amo con todo
mi corazón y siempre te voy a recordar como una
mujer llena de alegría y de mucha fe. Te amo por
siempre, mi hermanita.*

Ángel

*Hermana Sara: he llorado tu partida física
porque desde que mamá partió cada uno de mis
hermanos fueron mis hijos. Por eso, a pesar de que
acepto los designios de Dios, en mi corazón sigue
y seguirá el vacío. Sólo me llena el recuerdo de tu
alegría, tu tesón y tu espíritu emprendedor, como
el ser que no se rendía y siempre motivaba a los
que estaban alrededor para que no se dejaran
vencer por los obstáculos de la vida. En mi mente y
mi corazón sigues viva.*

Susana

Mi bella tía: estoy agradecida siempre porque me escogieron como tu ahijada; agradecida por el amor que me diste y por lo que recibí en lo material y, en especial, en lo emocional. Siempre nos expresamos el amor que sentíamos mutuamente y me lo demostraste mil veces; te amo con todo mi corazón. Tu partida ha sido muy difícil de afrontar. Por más fuerza que aparento, por dentro me siento fatal. Mi consuelo es que estás feliz en el Cielo y que fue tu decisión. Agradezco todo lo que me enseñaste, pues ese legado quedó en mi corazón y mi memoria. Te amo, mi bella tía. Gracias, gracias por todo tu amor y, como me dijiste la última vez, soy tu ángel porque tú eras y serás el mío. Nos veremos.

Ana María

Madre: serás nuestra reina por siempre. Te llevamos en el corazón. Con mucho amor y aceptación entendemos tu trascender. Recordamos tu historia del granito de mostaza y le damos gracias a Dios por haber permitido que compartiéramos tu estancia en la tierra... finalmente decirte que seguiremos dando cada día testimonio de tus enseñanzas. Te amo Mamá. Dios contigo.

Gilber

. . . ¡Fin!